So enttarnst Du einen Reptiloiden
Entlarve das Böse in Deinem Umfeld

Mutter Hautberg

So enttarnst Du einen Reptiloiden

Entlarve das Böse in Deinem Umfeld

Bibliografische Information der Deutschen Nationalbibliothek
Die Deutsche Nationalbibliothek verzeichnet diese Publikation in der Deutschen Nationalbibliografie; detaillierte bibliografische Daten sind im Internet über http://dnb.d-nb.de abrufbar.

ISBN: 978-3-7693-0163-2

Verlag: BoD · Books on Demand GmbH,
In de Tarpen 42, 22848 Norderstedt
Druck: Libri Plureos GmbH,
Friedensallee 273, 22763 Hamburg

17,99 Euro

Willkommen in der Welt von „Mutter Hautberg: So enttarnst Du einen Reptiloiden“. In diesem Buch präsentiert Mutter Hautberg ihre Erkenntnisse über die Reptiloiden, die heimlich unter uns leben und sich als Menschen tarnen.

Mutter Hautberg ist sich sicher: Reptiloiden existieren auf der Erde. In einer Zeit, in der die Grenzen zwischen Realität und Mythos verschwimmen, ist es entscheidend, die Zeichen zu erkennen, die darauf hindeuten, dass dein Gegenüber mehr ist als nur ein Mensch.

In diesem Buch findest du 30 bewährte Methoden, um festzustellen, ob du es mit einem Reptiloiden zu tun hast. Diese praktischen Ansätze helfen dir, die Wahrheit in einer Welt voller Täuschungen aufzudecken.

Mache dich bereit, die verborgenen Eigenschaften und Verhaltensweisen zu lernen, die Reptiloiden verraten. Dein Wissen wird deine Sicherheit erhöhen und dir helfen, die Realität zu erkennen, wie sie wirklich ist.

1. Enttarnungsmethode
Lege ein Stück rohes Fleisch auf den Tisch. Ein Reptiloide würde instinktiv sofort zugreifen, während ein Mensch eher zurückhaltend reagieren würde.

2. Enttarnungsmethode
Sag dreimal „MülleMülleBimmBamm“ hintereinander. Ein Mensch wird dich verwirrt ansehen, während ein Reptiloide einfach nur nicken und sich nichts anmerken lassen wird.

3. Enttarnungsmethode
Reptiloide scheuen die Höhe. Lade deinen Gegenüber ein, mit dir auf einen Aussichtspunkt zu gehen. Sollte er ablehnen oder nervös werden, könnte das ein Hinweis sein.

4. Enttarnungsmethode

Überrasche dein Gegenüber mit einem frischen Blumengesteck. Reptiloiden könnten eine unbehagliche Reaktion zeigen, während Menschen sich über die Blumen freuen.

5. Enttarnungsmethode
Stich mit einer Nadel zu und beobachte die Farbe des Blutes. Ist es grün oder schwarz, ist Vorsicht geboten!

6. Enttarnungsmethode
Beobachte die Augen deines Gegenübers beim Blinzeln. Reptiloiden zeigen manchmal einen kurzen Augenblick mit einer länglichen Pupille und mattem Schwarz.

7. Enttarnungsmethode
Nimm eine Echse oder ein Reptil mit zu einem Treffen. Achte darauf, wie dein Gegenüber reagiert. Ein Reptiloid wird sich möglicherweise sofort mit dem Tier anfreunden.

8. Enttarnungsmethode
Lass eine „Wunderheilung“ vor deinem Gegenüber geschehen. Ein Reptiloid könnte ein ungewöhnliches Interesse daran zeigen, während ein Mensch verständnisvoll reagieren würde.

9. Enttarnungsmethode
Mache eine Gruppe von Menschen betrunken und beobachte, wie sie über ihre Vergangenheit sprechen. Reptiloiden könnten inkonsistente Geschichten erzählen.

10. Enttarnungsmethode
Kitzle dein Gegenüber. Reptiloiden sind unempfindlich und reagieren nicht auf Kitzeln – ein klarer Hinweis!

11. Enttarnungsmethode
Nutze Triggerwörter wie „Adrenochrome“ oder „Außerirdische“. Achte darauf, wie dein Gegenüber reagiert. Ein Reptiloid wird defensiv werden.

12. Enttarnungsmethode
Versenke einen Menschen in einem Wasserfass mit Steinen. Wenn er unbeschadet auftaucht, könnte das ein Hinweis auf seine wahre Natur sein.

13. Enttarnungsmethode
Ein Leberfleck am Geschlechtsteil ist ein charakteristisches Zeichen für Reptiloiden.

14. Enttarnungsmethode
Gehe mit deinem Gegenüber in einen Stall und lasse ihn ein Pferd streicheln. Reptiloiden zeigen in der Regel Abneigung gegenüber Pferden und werden sie meiden.

15. Enttarnungsmethode
Reptiloiden können keine empathischen Erinnerungen speichern. Frage sie nach einem emotionalen Erlebnis und beobachte, ob sie inkonsistent oder gleichgültig reagieren.

16. Enttarnungsmethode

Kinder haben die Fähigkeit, Reptiloiden in ihrer wahren Gestalt zu sehen. Lasse kleine Kinder mit deinem Gegenüber interagieren und achte auf ihre Reaktionen.

17. Enttarnungsmethode
Teste ihre Reaktion auf intensive Wärme. Reptiloiden fühlen sich bei höheren Temperaturen unwohl, während Menschen sich in der Regel anpassen.

18. Enttarnungsmethode
Bring eine Kiste mit alten Spielzeugen mit und beobachte, wie sie sich dazu verhalten. Reptiloiden könnten Interesse an mechanischen oder technischen Objekten zeigen, während Menschen nostalgisch reagieren.

19. Enttarnungsmethode
Sprich über alternative Dimensionen oder Parallelwelten. Reptiloiden könnten unverhältnismäßig interessiert oder verwirrt wirken.

20. Enttarnungsmethode
Achte auf ihre Reaktionen bei einer plötzlichen lauten Geräuschquelle. Reptiloiden neigen dazu, gelassen zu bleiben, während Menschen instinktiv erschrecken oder reagieren.

21. Enttarnungsmethode

Biete ihnen eine Portion Erde aus dem Garten an. Reptiloiden könnten seltsame Fragen dazu stellen oder gar nicht probieren wollen.

22. Enttarnungsmethode
Berichte von einem unerklärlichen Phänomen oder einer Urban Legend. Achte darauf, wie dein Gegenüber darauf reagiert; ein Reptiloid wird versuchen, es zu rationalisieren oder zu bagatellisieren.

23. Enttarnungsmethode
Sprich über vertraute menschliche Rituale oder Traditionen. Reptiloiden können Schwierigkeiten haben, die Wichtigkeit solcher Traditionen zu verstehen.

24. Enttarnungsmethode
Stelle absichtlich verwirrende Fragen über alltägliche Dinge. Reptiloiden könnten ungeduldig werden oder keine klaren Antworten geben.

25. Enttarnungsmethode
Führe sie in einen Raum voller Spiegel und beobachte, ob sie nervös werden. Reptiloiden zeigen oft eine aversive Reaktion auf Spiegelbilder.

26. Enttarnungsmethode

Sprich über den Einfluss von Musik auf die Emotionen. Reptiloiden könnten eine flache Reaktion auf emotionale Lieder zeigen.

27. Enttarnungsmethode
Beobachte, wie sie auf Kritik reagieren. Reptiloiden neigen dazu, defensiv oder aggressiv zu reagieren, während Menschen versuchen, konstruktiv zu antworten.

28. Enttarnungsmethode
Erzähle eine erfundene, aber plausible Geschichte über einen Reptiloiden. Achte auf Überreaktionen oder Desinteresse.

29. Enttarnungsmethode
Lass sie eine Gruppe von Menschen beobachten, die sich freuen oder lachen. Reptiloiden haben Schwierigkeiten, echte Freude zu empfinden und könnten unbeteiligt wirken.

30. Enttarnungsmethode
Überrasche sie mit einer direkten Frage über ihre Herkunft. Reptiloiden könnten ihre Worte wählen oder nervös werden, während Menschen meist ehrlich antworten.